食パン革命

\サクッ/とかんたん
アレンジレシピ
100

バタ子ママ

宝島社

はじめに

はじめまして！　食パンアレンジレシピの「バタ子ママ」です！
この本を手にとってくれたのはどんな人かな、どんな気持ちで見てくれているだろう、ととてもワクワクしています。
もしかしたら私と同じようなママで、「休みに子どもと一緒に作ろう！」と思ってくれているのかな。
私が"食パンアレンジレシピ"を作るようになったきっかけは、年子の育児に忙しい毎日……いつの間にか自分の『好き』を我慢していました。服装も動きやすいジーパンとスニーカーに、アクセサリーもつけなくなって。子どもが小さいとトイレさえ我慢しちゃう。我慢が続くと余裕がなくなって、孤独や罪悪感を感じて「自分はママ失格」って思うようになったり……。そして、大好きだったパン屋さんのパンもワンオペではハードルが高くて、いつの間にか遠ざかっていました。
そんなとき、「行けないなら食パンで作っちゃおう！」と思い、Instagramでレシピの発信を始めました。パン屋さんのようなパンが、チェーン店のようなおいしいハンバーガーが、おうちでかんたんに、おなかいっぱい食べられたら、きっと……
『親子で笑顔になれる』
私のレシピで、いつも頑張っているママたちが少しでも笑顔になって、家族の楽しい時間が増えたら本当にうれしいです。
どれも冷蔵庫にある材料で、小学生でもできるかんたんさです。
お休みの日の"朝ごパン"やランチに、親子で楽しく作ってください。

CONTENTS

はじめに ……………………………………………………………… 3

クッキングシートを使ったハンバーガーの包み方 …………………… 8

Part 1 ファンが選んだ 人気レシピベスト10

第1位	ビッグバーガー ………………………………………	10
第2位	チョコクロワッサン …………………………………	12
第3位	焦がしチーズのワンパンサンド ……………………	14
第4位	揚げずにミニドーナツ ………………………………	16
第5位	てりやき玉バーガー …………………………………	18
第6位	たっぷりコーンパン …………………………………	20
第7位	ベーコンレタスバーガー ……………………………	22
第8位	カリカリッたまごピザトースト ……………………	24
第9位	プリンで作るフレンチトースト ……………………	26
第10位	てりマヨコーン ………………………………………	28

Part 2 これが食パン!? アイデア惣菜パン

チーズハットグ ……………………………………………	32
甘じょっぱチーズハットグ ………………………………	34
とろ〜りクロックムッシュ ………………………………	35
カリカリカレーパン ………………………………………	36
グラカリパン ………………………………………………	38
まるごとウインナーパン …………………………………	40
塩バタークロワッサン ……………………………………	41
チーズカレークロワッサン ………………………………	42
ハムチーズクロワッサン …………………………………	43
チーズとはちみつトライアングル ………………………	44
ひとくちコーンパン ………………………………………	46
ウインナーカリチー ………………………………………	48
ポテサラカリチー …………………………………………	50

まぜパン	51
ガーリックチーズピザ	52
ミニウインナーロール	54
ツナマヨパニーニ風	56
たくあんクリチカナッペ風	58
おかかマヨの和風カナッペ風	60
明太クリチカナッペ風	61
カリカリチーズおつまみ	62
かんたんポットパイ	63

Part 3 毎日食べたい! 変わり種トースト

カリカリチーズのオープンサンド	66
温玉トースト	68
カルボトースト	69
卵かけトースト	70
とろ〜りエッグサンドトースト	71
たまご焼きトースト	72
わがままピザトースト	74
チーズトースト	76
禁断のトロトロチーズトースト	77
ハニーチーズトースト	78
チーズの裏ワザトースト	80
プルコギチーズトースト	81
塩バタートースト	82
たらマヨトースト	83
明太もちチーズトースト	84
和風しらマヨトースト	86
うまピーしらすトースト	88
和風おかかマヨトースト	89
お好み焼きトースト	90
BBQソーストースト	91
納豆キムチトースト	92
納豆チーマヨトースト	93

CONTENTS

Part 4 絶品！ハンバーガー＆サンドイッチ

- てりやきハンバーガー ……… 96
- たっぷりチーズバーガー ……… 98
- スパイシータコス風バーガー ……… 100
- 明太マヨチーズバーガー ……… 101
- ケチャップハンバーガー ……… 102
- スタミナバーガー ……… 103
- BLTエッグサンド ……… 104
- 夢の目玉焼きそばサンド ……… 106
- レンチンたまごサンド ……… 108
- 厚焼きたまごサンド ……… 110
- 焼肉サンド ……… 111
- 濃厚ミートソースサンド ……… 112
- 味噌マヨサラチキサンド ……… 113
- テリチキサンド ……… 114
- タルタルサンド ……… 115
- ツナブロサンド ……… 116
- リッチワンパンサンド ……… 118

Part 5 子どもも喜ぶ！スイーツ食パン

- チョコチップパン ……… 122
- チョコスティックパン ……… 124
- とろ〜りチョコマロ ……… 126
- カリカリマシュマロサンド ……… 128
- チョコ風パン ……… 129
- カリッふわっ！きな粉パン ……… 130
- 悪魔的シュガートースト ……… 131
- お花見チュロス ……… 132
- チョコマロパニーニ風 ……… 134
- キャラメルバナナトースト ……… 136
- ミルクフランストースト ……… 137

カリカリロールサンド	138
揚げないココア揚げパン	140
揚げないきな粉揚げパン	141
インジョルミトースト	142
クリームボックス風	143
チーズケーキトースト	144
フルーツサンド	145
シナモンアップルパイ	146
ごろごろチョコメロンパン	148
きなチョコトースト	149
アニマルトースト ―くま・犬―	150
アニマルトースト ―ライオン・ぶた―	152

column ムダなし！ 食パンの耳アレンジレシピ

❶ 焦がしキャラメル風	30
❷ 5分でクルトン	64
❸ シナモンシュガーバター	94
❹ チーズスティック	120

| おわりに | 155 |
| 食材別さくいん | 156 |

本書のきまりごと

- 食パンの厚さの指定がないものは6枚または8枚切りの、お好みのほうを使ってください。
- 本書で表示した大さじ1は15㎖、小さじ1は5㎖です。
- メニュー名の横にある時計のアイコンは、調理の作業時間を示しています。オーブンの予熱や焼き時間、冷蔵・冷凍の時間は含みません。
- 調理に使う道具をアイコンで表示しています。
- 調理前に野菜は必ず水洗いをしてください。下準備の工程はレシピから省略しています。
- 電子レンジの加熱時間は、500Wの場合の目安です。機種によって差があります。
- オーブントースターの温度、加熱時間は機種によって差があります。
- つまようじや竹串はオーブントースターの熱源に直接触れてしまうと発火の恐れがあるので、加熱している間は目を離さないでください。
- 油を使っているレシピもあるので、引火防止など、安全面で気になる方はアルミホイルを敷いてトーストしてください。
- 特に指定のない場合、油はお好みのものを使用してください。
- ひき肉はお好みのものを使用してください。
- バターは有塩のものを使用しています。マーガリンでも代用できます。
- 本書に記載されている商品名は関係各社の商標または登録商標です。本文中での表記を省略いたします。

クッキングシートを使った
ハンバーガーの包み方

ハンバーガー（バーガー）は、切るときに形が崩れやすいのが難しいところ。
クッキングシートで包んでから切ればきれいにできますよ。

大きめのクッキングシートの上でハンバーガーの具材を重ねる。

クッキングシートの短辺を真ん中で合わせる。

余っている部分を2〜3cmずつ折り込んでいく。

クッキングシートとパンの間に隙間ができないよう、きつめに包むのがコツ。

両端を内側に折り込んで三角形にする。

三角形の部分を下に折り込む。

反対側も同様に折り込めば完成。切るときは点線の位置を切る。

Part 1

ファンが選んだ 人気レシピ ベスト10

Instagramのフォロワーさん（通称"バタっ子"）に、
これまでに投稿したレシピの中から
本書に載せてほしいレシピを募集しました。
その結果を、ランキング形式で発表します。

最強のナンバーワン！
ビッグバーガー

トースター　フライパン

Part 1 人気レシピベスト10

材料(2個分)
- 食パン……………………… 2枚
- ひき肉 ……………… 80〜100g
- 塩、こしょう ……………… 各少々
- ピザ用チーズ ………… 20〜30g
- レタス ……………………… 2〜3枚
- 油 ………………………… 小さじ1
- A
  - マヨネーズ …… 大さじ1と½
  - ケチャップ …… 大さじ1と½
  - しょうゆ ……………… 小さじ1
  - にんにくチューブ
    ………………… 2cmくらい
  - 玉ねぎ(お好みで)
    ………………… ⅛個くらい

作り方
1. 食パン2枚を焼き目がつくくらいトーストする。
2. 焼いている間にAを合わせてソースを作る。みじん切りにした玉ねぎはお好みで。
3. フライパンに油をひいてひき肉を炒める。
4. 塩、こしょうで味をつけ、ひき肉を食パンにおさまるように四角い形にする。
5. 弱火にして4の上にチーズ、食パン1枚の順でのせる。食パンを左右にずらしてもくっつくくらい焼いたら、お皿をかぶせてひっくり返してとり出す。
6. 5の上にちぎったレタス、2のソース、もう1枚の食パンの順で重ね、半分に切る。

ひき肉を食パンのサイズにおさまるよう四角くする。

食パンを左右に動かしてもくっつくくらいチーズが溶けたらとり出す。

マジで最高です！
食パンをすべて
これに費やしたい（笑）

これこそ家にある食材で
かんたんに作れて
かつ超おいしいレシピ！

まるでカフェの人気メニュー！
チョコクロワッサン

トースター

材料（1個分）
食パン（6枚切り） ………………… 1枚
板チョコ ……………………………… 1/3枚
油または溶かしたバター …… 適量

作り方
1. 食パンの両端から5〜6cmのところまで、2段切り込みを入れる。両側に「羽」を作るイメージ。
2. 食パンをめんぼうでつぶす。真ん中は強めに、「羽」の部分は弱めにつぶす。
3. 板チョコを「羽」と平行に並べてのせ、「羽」を1枚ずつ交互にたたんで包んでいく。つまようじを刺して固定する。
4. アルミホイルの上に**3**をのせて油をぬり、そのまま160〜180℃のトースターで焼き目がつくまで3〜5分焼く。※弱めじっくり推奨。
5. つまようじをはずす。

ゆっくり2段切り込みを入れる。パンナイフを使うと切りやすい。

「羽」を1枚ずつ交互にたたんで形を作っていく。

絶対にハマる…とっても罪な
焦がしチーズの ワンパンサンド

5 min

フライパン

Part 1 人気レシピベスト10

材料(1個分)
食パン ………………… 1枚
ピザ用チーズ ………… 20〜30g
卵 ……………………… 1個
マヨネーズ …………… 適量

作り方

1. 弱火で熱した卵焼き用のフライパンにチーズをのせる。
2. 少し溶けてきたら、溶き卵を流し入れてマヨネーズを加える。
3. 半分に切った食パンをのせて焼き、2枚同時にひっくり返す。
4. 裏面も焼けたら、折りたたむようにして1枚をもう1枚に重ねる。

POINT!

食パンを半分に切って並べて焼く。

2枚同時に裏返して、焼けたらパタンと折りたたむように重ねる。

15

子ども大好き！
揚げずに
ミニドーナツ

トースター

Part 1 人気レシピベスト10

材料(3個分)
食パン(6枚切り)……………1枚
油………………大さじ2くらい
砂糖……………………………適量
きな粉、飲料用ココア(粉末)
　(お好みで)………………適量

作り方

1. ヨーグルトカップの底などで食パンを丸くくり抜く。
2. さらに真ん中を型などで小さくくり抜き、ドーナツ形にする。※くり抜かなくてもOK。
3. 両面を油にひたして、アルミホイルを敷いたトースターのプレートに並べ、200℃のトースターで3〜4分焼く。
4. 裏の焼き目が足りなかったら裏返して30秒〜1分焼く。
5. 熱いうちに砂糖をまぶす。お好みできな粉やココアをまぶしても。

食パン1枚で3個分くり抜ける。

小さな器に油を入れてひたすとよい。

リピ確定！おうちでできる
てりやき玉バーガー

レンジ　フライパン

Part 1 人気レシピベスト10

材料(2個分)

食パン ………………………… 2枚
ひき肉 ………………… 80〜100g
ピザ用チーズ …………… 20〜30g
卵 …………………………… 1個
レタス …………………… 2〜3枚
油 ………………………… 小さじ2

てりやきソース
　すき焼きのタレ ………… 大さじ2
　水 ……………………… 大さじ2
　片栗粉 ………………… 小さじ1

マヨソース
　マヨネーズ …………… 大さじ2
　砂糖 …………………… 小さじ½
　レモン汁 ……………… 小さじ½

てりやきソースの作り方
耐熱容器に材料を入れて混ぜ、レンジで30秒加熱し混ぜる。もう一度30秒加熱し、混ぜる。

マヨソースの作り方
材料をすべて混ぜる。

作り方

1. てりやきソースとマヨソースを作る。
2. フライパンに油を小さじ1ひいて、ひき肉を炒め、ひき肉を食パンにおさまるように四角い形にする(P11参照)。
3. 弱火にして、2の上にチーズ、食パン1枚をのせる。食パンを左右にずらしてもくっつくくらい焼いたら、お皿をかぶせてひっくり返してとり出す。
4. フライパンを軽く拭き、3の裏面を焼く。焼けたらあみの上で冷ます。
5. もう1枚の食パンに直径8cmくらいのコップで穴を開ける。
6. フライパンに油を小さじ1ひいて、5をのせ、穴に卵を割り入れる。
7. くり抜いた白いパンをのせ、フライパンのフタをして弱火で2〜3分焼き、ひっくり返して裏面も焼く。※卵を固めたい場合は3分以上焼く。
8. 4の上にてりやきソース、ちぎったレタス、マヨソース、7の順に重ね、半分に切る。

直径8cmくらいのコップでくり抜く。くり抜いた白いパンも残しておく。

くり抜いた穴に卵を落とす。この後くり抜いた白いパンをかぶせる。

第6位
ファンが選んだ 人気ランキング

> コーンパン好きな子どもに作りました！
> 「売ってるやつだー♪」と喜んでくれました！

> コンビニのコーンマヨネーズパンを思い出します♪

神ワザ！丸めるだけ！
たっぷりコーンパン

トースター

Part 1 人気レシピベスト10

材料(1個分)

食パン(8枚切り) ……………… 1枚
コーン …………………………… 適量
　※冷凍の場合は解凍して使う。

A ┌ マヨネーズ ………… 大さじ2
　└ めんつゆ(濃縮4倍)
　　　　　　　　………… 小さじ1

作り方

1　食パンの両端をめんぼうでつぶす。
2　両端をくるっと丸め、つまようじで刺して固定する。
3　Aを混ぜて、丸めた両端の間にのせ、上にコーンをのせる。
4　焼き目がつくくらいトーストし、つまようじをはずす。

POINT!

めんぼうでつぶした両端を丸める。

丸めた両端につまようじを刺して固定する。両端に2カ所ずつ(計4カ所)とめる。

21

コスパ最強！1人前160円

ベーコンレタスバーガー

トースター　フライパン

材料(2個分)

食パン …………………… 2枚
ベーコン(ハーフサイズ) ……… 2枚
ひき肉 ………………… 80〜100g
塩、こしょう ……………… 各少々
ピザ用チーズ …………… 20〜30g
レタス …………………… 2〜3枚
油 ………………………… 小さじ1

マヨソース 大人用
　マヨネーズ ……………… 大さじ2
　粒マスタード …………… 小さじ1

マヨソース 子ども用
　マヨネーズ ……………… 大さじ2
　砂糖 …………………… 小さじ½
　めんつゆ(濃縮4倍) …… 小さじ½

作り方

1　食パン2枚を焼き目がつくくらいトーストする。
2　マヨソース(子ども用、大人用はお好みで♪)の材料をすべて合わせる。
3　フライパンでベーコンを焼き、とり出す。
4　フライパンを軽く拭いて油をひき、ひき肉を炒める。
5　塩、こしょうで味をつけ、ひき肉を食パンにおさまるように四角い形にする(P11参照)。
6　弱火にして5の上にチーズ、食パン1枚の順でのせる。食パンを左右にずらしてもくっつくくらい焼いたら、お皿をかぶせてひっくり返してとり出す。
7　6の上にベーコン、ちぎったレタス、マヨソース、もう1枚の食パンの順で重ね、半分に切る。

トースターより断然うまい！

カリカリッ たまごピザトースト

フライパン

Part 1 人気レシピベスト10

材料(1個分) ※写真は半分に切ったもの

食パン ································ 1枚
好きな具材(玉ねぎ、ピーマン、
　ウインナーなど) ··············· 適量
ピザ用チーズ ············ 好きなだけ
卵 ··································· 1個
油 ······························ 小さじ1
ケチャップ ··················· 大さじ2
マヨネーズ(お好みで) ····· 大さじ1
ブラックペッパー(お好みで)
　································· 適量

作り方

1. 好きな具材を食べやすい大きさに切る。
2. 卵焼き用のフライパンに油をひき、切った具材を炒める。
3. 具材をとり出し、フライパンを軽く拭いて弱火にし、チーズを入れる。
4. チーズが溶けてきたら溶き卵を流し入れ、具材を上にのせてケチャップ、お好みでマヨネーズ、食パンをのせる。
5. 食パンをゆすって全体がくっついた感じがあれば、ひっくり返して裏面も焼く。お好みでブラックペッパーをかける。
6. ケチャップが好きな人は追いケチャップ(分量外)をかける。

POINT!

チーズがこのくらい溶けてフライパン全体に広がったら溶き卵を流し入れる。

具材は何でもOK。この作り方なら具材に十分に火が通る。

ファンが選んだ！
第**9**位
人気ランキング

とてもおいしくて、かんたん！
2歳の娘も大喜びでした！

子どもからもめっちゃおいしー♡を
もらいました！

このやり方なら間違いない！
プリンで作る
フレンチトースト

Part 1 人気レシピベスト10

材料(4枚分)
食パン(6枚切り) ………………… 1枚
カスタードプリン ……… 1個(68g)
牛乳または豆乳 ……………… 50㎖
バター …………………………… 10g

作り方
1 プリンと牛乳を耐熱容器に入れて混ぜる。※
※食パンがひたせる容器がおすすめ。

2 4等分に切った食パンを染み込ませ、レンジで1分温める。ひっくり返して裏面も同じく1分温める。

3 フライパンにバターを溶かして、**2**の両面を弱火〜中火でいい色になるまで焼く。

アレンジ
1 余った**2**の液を食パンの耳(2枚分)とからめて油(大さじ1〜2)をひいたフライパンで焼く。

2 砂糖(適量)をかければ、パン耳フレンチトーストのできあがり♪

プリンはよく混ぜてできるだけ崩す。

片面ずつしっかり染み込ませるのがおいしさのコツ。

パン用ソース、もう買わない！
てりマヨコーン

トースター

Part 1 人気レシピベスト10

材料(1枚分)
食パン ……………………… 1枚
マヨネーズ …………… 大さじ2〜3
すき焼きのタレ ……… 大さじ2〜3
コーン ………………… 好きなだけ
　※冷凍の場合は解凍して使う。
ドライパセリ(あれば) ………… 少々

作り方
1. マヨネーズとすき焼きのタレをコーンと一緒に混ぜる。
2. 1を食パンにのせて焼き目がつくらいトーストする。
3. あればパセリをふりかける。

お好みで
ピザ用チーズを
のせてトーストしても
Good！

column

ムダなし！食パンの耳アレンジレシピ

ゴロゴロくるみがたまらない！
焦がしキャラメル風

材料

- 食パンの耳 …………………… 2枚分
- 練乳 ………… 大さじ3〜4くらい
- チューブバター ………… 大さじ2
- くるみ(無塩・ロースト)
  - ……………………… 30〜40gくらい

※余っているナッツでもOK。

作り方

1. 食パンの耳を食べやすい長さに切る。
2. ボウルに練乳、バター、くるみ(半量砕く、半分そのまま)、食パンの耳を入れて混ぜる。
3. アルミホイルの上に **2** をのせて、180℃のトースターで3〜4分焼く。

Part2

これが食パン!?

アイデア
惣菜パン

パン屋さんに並んでいるようなユニークなパンたちが、
食パンで作れちゃう！
見た目も味も、本当に食パンなのかと疑ってしまうような
びっくりレシピが満載です。

とろけて伸び〜る
チーズハットグ

材料(1本分)

食パン(6枚切り) ……………… 1枚
とろけるスライスチーズ ……… 1枚
さけるチーズ …………………… 1本
オリーブオイル ………………… 適量
ケチャップ(お好みで) ………… 適量
マスタード(お好みで) ………… 適量

作り方

1. 食パンの耳を切り落とし、レンジで10〜20秒加熱してから、とろけるスライスチーズをのせる。
2. さけるチーズを竹串に刺し、1にのせて巻く。
3. トースターのプレートの上にアルミホイルを敷き、2をのせて、カリカリになるようにオリーブオイルをかける。
4. 180℃で約4分、いい色になるまでトーストする。
5. さらにレンジで30秒加熱してチーズをとろけさせる。
6. お好みでケチャップ、マスタードをかける。

さけるチーズの3分の1くらいのところまで竹串を刺す。

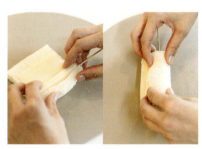

食パンを巻いて形を作る。端は水をつけて押すとくっつきやすい。

激うま新感覚！
甘じょっぱチーズハットグ

 レンジ トースター

材料(1本分)

食パン(6枚切り) ………………… 1枚
とろけるスライスチーズ ……… 1枚
さけるチーズ …………………… 1本
オリーブオイル …………… 大さじ2
粉チーズ …………………… 小さじ2
ブラックペッパー ……………… 少々
はちみつ ………………………… 少々

作り方

1. 食パンの耳を切り落とし、レンジで10〜20秒加熱してから、とろけるスライスチーズをのせる。
2. さけるチーズを竹串に刺し、**1**にのせて巻く(P33参照)。
3. トースターのプレートの上にアルミホイルを敷き、**2**をのせる。カリカリになるようにオリーブオイルに粉チーズとブラックペッパーを混ぜたものをぬる。
4. 180℃で約4分、いい色になるまでトーストする。
5. さらにレンジで30秒加熱してチーズをとろけさせる。
6. はちみつをかける。

ホワイトソースとチーズの相性バツグン！
とろ〜りクロックムッシュ

 レンジ トースター 15min

材料(1個分) ※写真は半分に切ったもの
食パン ……………………… 2枚
ホワイトソース
　クリームシチューのもと(顆粒)
　……………………… 大さじ3
　お湯 ……………………… 大さじ4
　牛乳 ……………………… 大さじ4
　ピザ用チーズ ……………… 15g
ハム ……………………………… 1枚
ピザ用チーズ(ちらす用) …… 適量

作り方
1. 耐熱ボウルにクリームシチューのもとを入れ、お湯を少しずつ加えて混ぜ溶かす。
2. 牛乳を加え混ぜ、レンジで1分加熱する。
3. とり出してダマがなくなるまで混ぜ、再びレンジで1分加熱する。
4. 3をよく混ぜ、熱いうちにチーズを入れ混ぜたらホワイトソースが完成。
5. 食パン1枚に4を半量ぬってハムをのせ、その上にもう1枚の食パンをのせて、残りの4をぬる。
6. ちらす用のチーズを上にかけて、180℃で5〜6分トーストする。

揚げなくてもかんたん！
カリカリカレーパン

Part 2 アイデア惣菜パン

材料(1個分) ※写真は半分に切ったもの
食パン(8枚切り) ……………… 2枚
カレー ……………………… 大さじ3〜4
ピザ用チーズ ……………… 30〜40g

作り方

1. 食パンの耳を切り落とし、ラップの上に食パン1枚と真ん中にカレーをのせる。
2. 食パンの端(4辺)に水(分量外)をつけて、上からもう1枚の食パンをかぶせラップでしっかり包む。
3. レンジで30秒加熱したら、ラップをはずす。食パンの端(4辺)をフォークで押して閉じる。
4. 弱火で熱したフライパンにチーズを半量のせ、上に **3** をのせて焼く。
5. カリカリに焼けたら一度とり出し、残りのチーズをフライパンにのせて裏面も同様に焼く。

※カロリーが気になる場合は片面だけチーズでもOK。

2枚の食パンを閉じるようにフォークで押す。4辺とも行う。

2枚がくっついた状態。チーズの上にのせて焼く。

レンジ　トースター

Part 2 アイデア惣菜パン

材料(1人分)
食パン……………………………… 1枚
ホワイトソース
　クリームシチューのもと(顆粒)‥ 大さじ2
　お湯…………………………… 大さじ2
　牛乳…………………………… 大さじ2
ハム………………………………… 1枚
ピザ用チーズ……………………… 適量
ドライパセリ……………………… 適量

作り方
1 耐熱ボウルにクリームシチューのもとを入れ、お湯を少しずつ加えて混ぜ溶かす。

2 牛乳を加えて混ぜ、レンジで30秒加熱する。

3 とり出してダマがなくなるまで混ぜ、再びレンジで30秒加熱する。とり出して混ぜたら、ホワイトソースの完成。

4 食パンを1.5cm角に切ってグラタン皿に入れ、ハムを食べやすい大きさに切ってのせる。

5 3とピザ用チーズをのせ、焼き目がつくくらいトーストする。

6 パセリをかける。

39

巻いて焼くだけ！
まるごとウインナーパン

材料(1個分)
- 食パン(8枚切り)･･････････ 1枚
- ピザ用チーズ ････････････ 適量
- ウインナー(長め) ･･･････ 1本
  ※または短め2本。
- ケチャップ ･･････････････ 適量
- 粒マスタード(あれば) ････ 適量
- レタス(あれば) ･･････････ 適量

作り方
1. 食パンの両端をめんぼうでつぶす。
2. 食パンの両端をくるっと巻いてチーズをのせ、つまようじで刺して固定する(P21参照)。
3. 2と、アルミホイルにのせたウインナーを焼き目がつくくらいトーストする。ウインナーの焼きが足りなかったら追い焼きする。
4. つまようじをはずし、ウインナー、ケチャップ、あれば粒マスタード、レタスをのせる。

サクサク好きなあなたへ
塩バタークロワッサン

 レンジ　 トースター　 10 min

材料(1個分)
食パン(6枚切り) ················· 1枚
バター ···························· 10〜20g
塩 ······································ 適量

作り方

1. 食パンの両端から5〜6cmのところまで、2段切り込みを入れる。両側に「羽」を作るイメージ(P13参照)。
2. 食パンをめんぼうでつぶす。真ん中は強めに、「羽」の部分は弱めにつぶす。
3. バターを耐熱容器に入れ、ラップをしてレンジで30秒加熱して溶かしたら、半量を塩少々と一緒に2にかける。
4. 「羽」を1枚ずつ交互にたたんで包んでいき、つまようじを刺して固定する(P13参照)。
5. 表面に残りのバターと塩少々をかけて、160〜180℃のトースターで焼き目がつくまで3〜5分じっくり焼く。
6. つまようじをはずす。

Part 2 アイデア惣菜パン

余ったカレーのリメイクにも
チーズカレークロワッサン

材料(1個分)

食パン(8枚切り) 1枚
カレー .... 適量
ピザ用チーズ .... 適量
オリーブオイル .... 少々

作り方

1. 食パンの両端から5〜6cmのところまで、1段切り込みを入れる。両側に「羽」を作るイメージ(P13参照)。
2. 食パンをめんぼうでつぶす。真ん中は強めに、「羽」の部分は弱めにつぶす。
3. カレーとチーズをのせ、「羽」を1枚ずつ交互にたたんで包んでいき、つまようじを刺して固定する(P13参照)。
4. オリーブオイルを全体にかけ、160〜180℃のトースターで焼き目がつくまで3〜5分じっくり焼く。
5. つまようじをはずす。

これ…毎朝、食べたい！
ハムチーズクロワッサン

材料(1個分)

食パン(6枚切り) ……………… 1枚
A ┌ マヨネーズ ………… 大さじ2
　├ にんにくチューブ ………… 2cm
　└ ドライパセリ …………… 適量
ハム …………………………… 1枚
ピザ用チーズ ………………… 適量

作り方

1. 食パンの両端から5〜6cmのところまで、2段切り込みを入れる。両側に「羽」を作るイメージ(P13参照)。
2. 食パンをめんぼうでつぶす。真ん中は強めに、「羽」の部分は弱めにつぶす。
3. Aを混ぜて表面に半量ぬり、ハム、チーズをのせる。
4. 「羽」を1枚ずつ交互にたたんで包んでいき、つまようじを刺して固定する(P13参照)。
5. 包んだ表面に残りのAをぬり、160〜180℃のトースターで焼き目がつくまで3〜5分じっくり焼く。
6. つまようじをはずす。

甘じょっぱさが最高！
チーズとはちみつトライアングル

オーブン 10min

材料(2人分)

食パン	2枚
バター	50g
砂糖	50g
卵	1個
薄力粉(米粉でも可)	50g
ピザ用チーズ	適量
はちみつ	適量

作り方

1 オーブンを200℃に予熱しておく。

2 常温にもどしたバターに砂糖、溶き卵の順で加え混ぜる。

3 **2**に薄力粉をふるい入れて混ぜる。これで生地が完成。

4 食パンを三角形に切り、クッキングシートを敷いたオーブンプレートに並べる。

5 **4**の食パンの真ん中をスプーンでへこませてチーズをのせ、その上に**3**をのせる。

6 200℃のオーブンで9〜10分焼く。

7 はちみつをかける。

Part 2 アイデア惣菜パン

まずチーズをのせて、その上に生地をのせる。

目からウロコ！ コンポタの粉で
ひとくちコーンパン

オーブン

材料(2人分)
- 食パン ………………………… 2枚
- バター ………………………… 50g
- コーンポタージュのもと
  ………………………… 2袋(各18g)
- 卵 ……………………………… 1個
- 薄力粉(米粉でも可) ………… 50g
- コーン ………………………… 適量

※冷凍の場合は解凍して使う。

作り方
1. オーブンを200℃に予熱しておく。
2. 常温にもどしたバターにコーンポタージュのもと、溶き卵の順で加え混ぜる。
3. **2**に薄力粉をふるい入れて混ぜる。これで生地が完成。
4. 食パンを好きな形に切る(写真は6等分)。
5. オーブンプレートにクッキングシートを敷いて食パンを並べ、上に**3**とコーンをのせる。
6. 200℃のオーブンで9〜10分焼く。

Part 2 アイデア惣菜パン

朝、食べてくれないならコレ！
ウインナーカリチー

フライパン

Part 2 アイデア惣菜パン

材料(1本分) ※写真は半分に切ったもの
食パン ················· 1枚
ウインナー(長め) ········ 1本
ピザ用チーズ ············ 適量
ケチャップ ·············· 適量

作り方
1. 食パンの耳を切り落とし、めんぼうで軽く伸ばす。
2. 卵焼き用のフライパンでウインナーを焼き、皿にとっておく。
3. フライパンを軽く拭き、チーズを広げた上に食パンをのせる。
4. 食パンをゆすってくっついた感じがあれば、ウインナーとケチャップをのせる。
5. ロール状に巻く。食べやすい大きさに切っても、そのままかぶりついてもOK。

トングとフライ返しを使うと巻きやすい。

野菜食べない問題、解決！
ポテサラカリチー

材料(1本分) ※写真は4等分に切ったもの
食パン ……………………………… 1枚
ピザ用チーズ …………………… 適量
ポテトサラダ …………………… 適量

作り方
1. 食パンの耳を切り落とし、めんぼうで軽く伸ばす。
2. 卵焼き用のフライパンにチーズを広げ、その上に食パンをのせる。
3. 食パンをゆすってくっついた感じがあれば、ポテトサラダをのせる。
4. ロール状に巻く。トングとフライ返しを使うと巻きやすい(P49参照)。

Part 2 アイデア惣菜パン

もりもり食べられてクセになる！
まぜパン

トースター　レンジ　10min

材料(1人分)
- 食パン …………………………… 1枚
- キャベツ ………………………… 2〜3枚
- ピザ用チーズ …………………… 適量
- かつおぶし ……………………… 適量
- きざみ海苔 ……………………… 適量
- スナック菓子(コンソメ味チップス)
  ……………………………… 3〜4枚
- A ┌ 粒マスタード ………… 小さじ1
　 └ マヨネーズ …………… 大さじ2

作り方
1. トーストした食パンを1.5cmくらいの正方形に切る。
2. 1を耐熱容器に入れて、千切りにしたキャベツ、チーズをのせる。レンジで30秒加熱しチーズを溶かす。
3. 写真のようにかつおぶし、きざみ海苔、小さくしたスナック菓子をのせる。
4. Aを混ぜて真ん中にのせる。
※食べるときは全体を混ぜて♪

51

禁断のおいしさ！
ガーリック
チーズピザ

Part 2 アイデア惣菜パン

トースター 7min

材料（2枚分）※写真は1枚を4等分に切ったもの
- 食パン……………………………………… 2枚
- チューブバター………………… 大さじ4〜5
- にんにくチューブ………………………… 2〜3cm
- クリームチーズ………………… 大さじ3〜4
- ピザ用チーズ…………………………………適量
- ドライパセリ（お好みで）…………………適量

作り方
1. バターとにんにくを混ぜ、食パンにぬる。
2. 1の上にクリームチーズ、ピザ用チーズをのせる。
3. 焼き目がつくくらいトーストする。
4. お好みでパセリをかける。

1枚で3つできる！
ミニウインナーロール

材料(3個分)
食パン ………………………… 1枚
ウインナー ……………………… 3本
ケチャップ ……………………… 適量
ピザ用チーズ …………………… 適量

作り方
1. ウインナーにラップをかけてレンジで30秒加熱する。
   ※30秒以上加熱すると破裂することがあるので注意。
2. 食パンを下の写真のように斜めに3等分にする。
3. 巻きやすいようにめんぼうで軽くつぶす。
4. ケチャップとチーズ、ウインナーをのせ、くるくる巻く。
5. 端をつまようじでとめたら、焼き目がつくくらいトーストする。
6. つまようじをはずす。

斜めに3等分に切る。

新食感のサンドイッチ
ツナマヨパニーニ風

フライパン

Part 2 アイデア惣菜パン

材料(1個分) ※写真は半分に切ったもの
食パン(8枚切り) ……………… 1枚
バター ………………………… 20g
ツナ缶 ………………………… ½缶
マヨネーズ ………………… 大さじ1
ピザ用チーズ ………………… 適量

作り方

1 フライパンにバターを溶かし、食パンをフライ返しでつぶしながら両面焼く。
※つぶすときにフライパンの縁での火傷に注意。

2 ツナ缶の油をきってマヨネーズと混ぜてのせ、チーズものせて半分に折る。

3 さらにつぶして、チーズが溶けるまで焼く。

ツナとマヨネーズの上にピザ用チーズをのせ、折りたたんでつぶす。

この組み合わせ、ギャップ萌え！

たくあんクリチ
カナッペ風

Part 2 アイデア惣菜パン

材料（8個分）
食パン（8枚切り）………… 1枚
たくあん ………………… 2〜3cm
クリームチーズ ……… 大さじ3〜4

作り方

1. 冷凍した食パンを4等分に切り、さらに厚さを半分に切る。

2. 140〜160℃のトースターで2〜3分焼く。
   ※薄くて焦げやすいので低温がおすすめ。様子を見て焼く。

3. たくあんを細かく切り、クリームチーズと混ぜて焼けた食パンにのせる。

冷凍したまま切る。かたいのでゆっくりと、包丁の背を手の平でぐーっと押して切る。

厚さを半分に切る。手を切らないように注意！

和えるだけかんたん！
おかかマヨの和風カナッペ風

材料(8個分)
食パン(8枚切り) ………… 1枚
A ┌ かつおぶし ………… 1袋(3g)
　├ マヨネーズ ……… 大さじ2〜3
　└ めんつゆ(濃縮4倍)
　　　　　　　　………… 小さじ1
ドライパセリ(あれば) ……… 適量

作り方
1. 冷凍した食パンの耳を切り落とし、三角に4等分に切る。さらに厚さを半分に切る(P59参照)。
2. 140〜160℃のトースターで2〜3分焼く。
　※薄くて焦げやすいので低温がおすすめ。様子を見て焼く。
3. Aを合わせておかかマヨを作り、焼けた食パンにのせる。
4. あればパセリをかける。

おつまみに大変身！
明太クリチカナッペ風

 冷凍庫　 トースター　 5min

材料(8個分)
食パン(8枚切り) ………… 1枚
明太子 …………… 2本くらい
クリームチーズ ………… 適量

作り方
1. 冷凍した食パンを4等分に切り、さらに厚さを半分に切る(P59参照)。
2. 140〜160℃のトースターで2〜3分焼く。
   ※薄くて焦げやすいので低温がおすすめ。様子を見て焼く。
3. 明太子を食べやすい大きさに切り、クリームチーズとともに焼けた食パンにのせる。

Part 2　アイデア惣菜パン

食べたらハマる！
カリカリチーズおつまみ

フライパン / 7 min

材料(4個分)
食パン(8枚切り) ………… 1枚
ピザ用チーズ ………… 80gくらい
しらすまたはじゃこ ………… 適量
ブラックペッパー ………… 少々

作り方
1. 食パンの耳を切り落とし、めんぼうで伸ばして、4等分に切る。
2. フライパンにチーズ、食パンの順にのせ、カリカリになったらひっくり返して裏面も焼く。
3. くっついたチーズを切って4等分にする。
4. しらすをのせ、ブラックペッパーをかける。

シチューが余ったら…
かんたんポットパイ

材料（1個分）
食パン ……………………… 1枚
スープ ……………………… 1杯分
※余ったシチュー、カレーなど何でもOK。

ピザ用チーズ（お好みで）…… 適量
チューブバター ……………… 適量

作り方
1. 食パンの耳を切り落とし、めんぼうで伸ばす。
2. 耐熱カップに温めたスープとお好みでチーズを入れて、1をかぶせて写真のようにたこ糸でしばる。
3. 表面にバターをぬり、切った食パンの耳と一緒に焼き目がつくらいトーストする。

スプーンでサクッと割って中のスープと一緒に。食パンの耳をつけて食べてもおいしい♪

Part 2 アイデア惣菜パン

column
ムダなし！食パンの耳アレンジレシピ ❷

サラダやスープにぴったり♪
5分でクルトン

材料

食パンの耳
　………………… 2〜3枚分
※または8枚切り食パン1枚。
オリーブオイル
　………… 大さじ1〜2くらい
ハーブソルト ………… 小さじ1

作り方

1 食パンの耳を1〜2cm長さに切る。

2 ボウルに食パンの耳を入れ、オリーブオイルとハーブソルトを加え混ぜる。

3 アルミホイルの上にのせ、約250℃のトースターで2分焼き、表裏を返して再度1〜2分焼く。

※焦げないように様子を見ながら。

Part3

毎日食べたい！

変わり種トースト

バターをぬってトーストするだけでもおいしいけれど、
ほんの一手間加えるだけで、いつものトーストが大変身！
気分に合わせて、毎日選び放題♪

優雅な朝やランチに♪
カリカリチーズの
オープンサンド

フライパン

材料(1枚分)

食パン	1枚
ピザ用チーズ	30～40g
卵	1個
ハム	1枚
マヨネーズ	適量
ブラックペッパー	少々

作り方

1. 冷えたフライパンにチーズをドーナツの形にのせ、真ん中に卵を割り入れる。
2. 弱火～中火で加熱し、白身が白っぽくなったら黄身を崩してハム、食パンの順番でのせる。
3. 食パンをゆすってくっついた感じがあったら、ひっくり返して裏面も焼く。
4. マヨネーズとブラックペッパーをかける。

Part 3 変わり種トースト

チーズをドーナツ状にして土手を作り、真ん中に卵を割り入れる。

黄身を崩さずにハムをのせて焼いて半熟にしても♪

絶対、失敗しない
温玉トースト

 鍋　 トースター　

材料(1枚分)

- 食パン ………………………… 1枚
- 卵 ……………………………… 1個
- マヨネーズ …………………… 適量
- ピザ用チーズ ………… 好きなだけ
- ドライパセリ(お好みで) …… 少々

作り方

1. 鍋にお湯を沸かし、火を止めてから卵を殻ごと入れる。15分待ったら、冷水につけてしっかり冷やす。これで温玉の完成。
   ※しっかり冷やさないと余熱で卵がかたくなるので注意。
2. 食パンにマヨネーズを四角くふちどる。
3. 真ん中に1の温玉とチーズをのせる。
4. 焼き目がつくくらいトーストする。お好みでパセリをかける。

とろっと卵がたまらない！
カルボトースト

材料(1枚分)
食パン	1枚
卵	1個
塩、こしょう	各少々
ピザ用チーズ	20～30g
ベーコン(短冊切り)	適量
油	小さじ1

作り方
1. ボウルに卵、塩、こしょう、チーズを入れて混ぜる。
2. 油をひいたフライパンにベーコンを入れ、強火で炒める。
3. ベーコンが焼けたら火を止め、すぐに1を流し入れて余熱で卵が半熟くらいになるまで混ぜる。
4. トーストした食パンにのせる。

卵かけご飯ならぬ…
卵かけトースト

材料（1枚分）
食パン …………………………… 1枚
卵 ………………………………… 1個
マヨネーズ ……… 大さじ1と½〜2
鶏がらスープのもと（顆粒）
　………………………… 小さじ1
砂糖 …………………………… 小さじ1

作り方
1. ボウルに卵の白身だけ入れる。黄身は別にとっておく。
2. マヨネーズ、鶏がらスープのもと、砂糖を加えて混ぜる。
3. 食パンの真ん中をスプーンで軽く押してへこませて **2** をのせ、真ん中に黄身をのせる。
4. 低温のトースターで4〜5分焼く。

まるでカフェ!?
とろ〜りエッグサンドトースト

 トースター　 レンジ　 15min

材料(1個分)

食パン	1枚
バター	適量
ベーコン(ハーフサイズ)	2枚
卵	1個
牛乳	大さじ2
A　マヨネーズ	大さじ2
はちみつ	小さじ1
にんにくチューブ(お好みで)	少々
水	小さじ1/2
スライスチーズ	1枚
ブラックペッパー(お好みで)	少々

作り方

1. 食パンにバターをぬり、アルミホイルの上にのせたベーコンと並べて、焼き目がつくくらいトーストする。
2. 耐熱容器に卵と牛乳を入れて混ぜる。
3. 2にラップをしてレンジで30秒加熱し、混ぜる。これをもう一度行ったら、半熟スクランブルエッグの完成。
4. Aを混ぜ合わせてソースを作る。
5. 1の食パンの真ん中を菜箸で押さえながらふんわり半分に折り、パウンドケーキ型に入れて、スライスチーズ、ベーコン、スクランブルエッグの順にのせる。
6. 4と、お好みでブラックペッパーをかける。

ワンパンで洗い物減らそっ
たまご焼きトースト

フライパン

材料(1枚分)

食パン ································ 1枚
卵 ····································· 1個
ニラ ··································· 適量
A ┌ マヨネーズ ············ 小さじ1
  │ 鶏がらスープのもと(顆粒)
  │ ······················ 小さじ½
  └ 塩 ·························· 少々
ごま油 ····················· 小さじ1

作り方

1. 食パンを四角くくり抜く。
2. ボウルに卵と食べやすい大きさに切ったニラ、Aを入れ混ぜる。
3. ごま油をひいたフライパンに、穴の開いた食パンをのせて焼く。
4. 穴に**2**を流し込み、上からくり抜いたパンでフタをする。
5. 焼けたらひっくり返し、裏面も焼く。

Part 3 変わり種トースト

食パンの耳から少し離したところを四角くくり抜く。

くり抜いた穴に卵液を流し込む。

カリカリ好きの
<u>わがまま</u>
<u>ピザトースト</u>

フライパン

材料(1枚分)
食パン …………………… 1枚
好きな具材(玉ねぎ、ピーマン、
　ウインナーなど) ………… 適量
ピザ用チーズ ………… 20〜30g
ケチャップ ……… 大さじ2くらい
マヨネーズ(お好みで)
　………………… 大さじ1くらい
油 …………………………… 小さじ1

作り方
1. 好きな具材を食べやすい大きさに切る。
2. フライパンに油をひき、切った具材を中火で炒める。
3. 弱火にし、具材をフライパンの端に寄せて、真ん中にチーズをのせる。
4. チーズが溶けてきたら具材を上にのせ、ケチャップ、お好みでマヨネーズ、食パンをのせる。
5. 食パンをゆすって全体がくっついた感じがあればひっくり返し、裏面も焼く。

※ケチャップ好きは追いケチャ(分量外)してOK！

Part 3 変わり種トースト

炒めた具材は一旦端に寄せ、真ん中にチーズをのせる。

チーズの上に具材を戻す。

材料3つだけ！秒でなくなる
チーズトースト

フライパン 5min

材料(1枚分)
食パン ……………………………… 1枚
ピザ用チーズ ………… 好きなだけ
バター ……………………………… 適量

作り方
1 弱火～中火で熱したフライパンにチーズをのせる。
2 チーズの上に食パンをのせ、ゆすって食パンとチーズがくっついた感じになり、チーズがいい色になったら一度とり出す。
3 そのままのフライパンにバターを入れて溶かし、2を戻して裏面を焼く。

チーズ好きが沼る…
禁断のトロトロチーズトースト

 トースター　 レンジ　 5 min

Part 3 変わり種トースト

材料(1枚分)
- 食パン ……………………… 1枚
- ピザ用チーズ …………… 30〜40g
- 牛乳または豆乳 … 大さじ1〜1と½

作り方
1. 食パンに格子状に切り込みを入れ、焼き目がつくくらいトーストする。
2. 耐熱ボウルにチーズと牛乳を入れ、ラップはかけずにレンジで40〜50秒加熱する。
   ※トロトロになるまで様子を見ながら。
3. 2を混ぜて、焼けた食パンにかける。
   ※味が足りなければ、マヨネーズか塩をかける。

魅惑の組み合わせ

ハニーチーズ トースト

トースター

材料(1枚分)
食パン ……………………… 1枚
チューブバター …………… 大さじ1
ピザ用チーズ ………… 好きなだけ
はちみつ ………………… 大さじ1
ブラックペッパー …………… 少々

作り方
1. 食パンにバターをぬり、チーズをのせて焼き目がつくくらいトーストする。
2. はちみつとブラックペッパーをかける。

Part 3 変わり種トースト

このワザ、知ってる?
チーズの裏ワザトースト

材料(1枚分)
- 食パン ……………………… 1枚
- マヨネーズ …………… 大さじ2〜3
- ピザ用チーズ
  ………… 適量(パンにのるくらい)
- かつおぶし …………… 好きなだけ
- 青のり(あれば) ………………… 少々

作り方
1. マヨネーズ、チーズ、かつおぶしを混ぜて食パンにぬる。
2. 焼き目がつくくらいトーストして、あれば青のりをかける。

裏ワザ
マヨネーズとチーズを混ぜてトーストすると……マヨネーズの油脂が浸透してチーズが伸びやすくなる!

マジでピザ屋さんの味…！
プルコギチーズトースト

フライパン

10 min

材料(1枚分)

食パン	1枚
牛肉	50～60g
玉ねぎ	⅛個
A すき焼きのタレ	大さじ1
酒	小さじ1
にんにくチューブ	1cm
しょうがチューブ	1cm
砂糖	小さじ1
一味唐辛子(お好みで)	適量
ピザ用チーズ	適量
バター	少々
マヨネーズ(お好みで)	適量
ドライパセリ(あれば)	少々
油	小さじ1

作り方

1 牛肉を食べやすい大きさに切り、玉ねぎはスライスする。Aは混ぜておく。

2 フライパンに油をひいて中火で熱し、牛肉、玉ねぎを加え炒め、混ぜたAをからめる。

3 火が通ったら弱火にして具材を真ん中に寄せて、チーズと食パンをのせる。食パンを左右にずらしてもくっつくくらい焼いたら、お皿をかぶせてひっくり返してとり出す。

4 フライパンを軽く拭いてからバターを溶かし、3を戻して裏面を焼く。

5 お好みでマヨネーズ、あればパセリをかける。

Part 3 変わり種トースト

パン屋さんで人気の塩パンをおうちで！
塩バタートースト

材料(1枚分)
食パン ……………………… 1枚
チューブバター …………… 大さじ3
塩 …………………………… 少々

作り方
1. 弱火で熱したフライパンにバターを半量広げて、食パンを焼く。
2. 一旦皿にとり、フライパンにもう半量のバターを広げて戻し、裏面を焼く。
3. 塩をふる。

隠し味でパン屋さん超え!?
たらマヨトースト

材料(1枚分)
食パン ……………………… 1枚
A ┌ マヨネーズ …… 大さじ2くらい
　│ たらこ(明太子でも可)
　│ ……………………………… ½本
　│ めんつゆ(濃縮4倍)
　└ ………………………… 小さじ1
ピザ用チーズ(お好みで) …… 適量
きざみ海苔(お好みで) ……… 適量

作り方
1. たらこの薄皮と筋をとり、Aをすべて混ぜる。
2. 1を食パンにのせ、お好みでチーズをかけて焼き目がつくくらいトーストする。
3. お好みできざみ海苔をかける。

Part 3 変わり種トースト

濃厚明太バターが優勝！
明太もち チーズトースト

レンジ　トースター

材料(1枚分)
- 食パン …………………… 1枚
- スライスもち …………… 2〜3枚
  ※細かく切った切りもちでも代用可。
- 明太子(たらこでも可) ………… 1本
- チューブバター …………… 大さじ2
- ピザ用チーズ ………………… 適量

作り方
1. スライスもちをぬらして食パンにのせ、レンジで1分加熱する。
   ※加熱後は2〜3分あみの上で冷ます。
2. 明太子の薄皮と筋をとり、半量をバターと混ぜ、1にのせる。
3. 2の上にチーズをかけ、残りの明太子を真ん中にのせ、焼き目がつくくらいトーストする。

Part 3 変わり種トースト

もちがなければ、明太子とバターだけの組み合わせでもおいしい！

意外な組み合わせがクセになる
和風しらマヨトースト

5 min

トースター

材料(1枚分)
- 食パン ……………………… 1枚
- マヨネーズ ………………… 適量
- しょうゆ …………… 小さじ1くらい
- しらす ……………… 好きなだけ
- ごま油 ……………… 好きなだけ
- きざみ海苔、白いりごま … 各適量

作り方
1. マヨネーズとしょうゆを混ぜて食パンにぬる。
2. しらすをのせて焼き目がつくくらいトーストする。
3. ごま油、きざみ海苔、白いりごまをかける。

Part 3 変わり種トースト

相性バツグンでやみつき！
うまピーしらすトースト

レンジ　トースター

材料(1枚分)
- 食パン ……………………… 1枚
- ピーマン(小) ……………… 1個
- マヨネーズ ……………… 大さじ1
- しらす ………………… 10gくらい
- ごま油 …………………… 大さじ1
- 塩 …………………………… 少々

作り方
1. ピーマンを細く輪切りにして、ラップをかけてレンジで1分加熱する。
2. 食パンにマヨネーズをぬり、ピーマン、しらすをのせて、ごま油、塩をかける。
3. 焼き目がつくくらいトーストする。

ツナ缶よりコスパよし
和風おかかマヨトースト

材料(1枚分)

食パン ……………………… 1枚
A ┌ かつおぶし …………… 1袋(3g)
　├ マヨネーズ ……… 大さじ2〜3
　└ めんつゆ(濃縮4倍)
　　　　　　　　……………… 小さじ1
ブラックペッパー ………………… 少々

作り方

1. Aを混ぜて食パンにのせ、焼き目がつくくらいトーストする。
2. ブラックペッパーをかける。

Part 3 変わり種トースト

キャベツたっぷり！
お好み焼きトースト

材料(1枚分)

食パン	1枚
キャベツ	2〜3枚
ハム	1枚
マヨネーズ	大さじ1〜1と½
ソース	大さじ1〜1と½
ごま油	少々
ピザ用チーズ	適量
かつおぶし	適量
青のり(あれば)	適量

作り方

1. ボウルに千切りにしたキャベツ、細切りにしたハム、マヨネーズ、ソースを入れ混ぜる。
2. 食パンにごま油をぬり、**1**をのせる。
3. **2**の上にチーズをのせ、焼き目がつくらいトーストする。
4. かつおぶしと、あれば青のりをのせる。

スモーキーで濃厚なあの味を再現!
BBQソーストースト

材料(1枚分)
食パン ……………………… 1枚
A ┌ ケチャップ …………… 大さじ1
  │ ソース ………………… 小さじ2
  │ しょうゆ ……………… 小さじ½
  └ 砂糖 …………………… 小さじ1
ベーコン(ハーフサイズ) ……… 2枚
ピザ用チーズ ……………… 適量
ブラックペッパー(お好みで)
 ……………………………… 少々

作り方
1 Aを混ぜて食パンにぬる。
2 ベーコンをのせ、チーズをかけて焼き目がつくくらいトーストする。
3 お好みでブラックペッパーをかける。

Part 3 変わり種トースト

ごま油で激うま！
納豆キムチトースト

材料(1枚分)
食パン	1枚
納豆	1パック
白菜キムチ	適量
マヨネーズ	少々
ごま油	少々

作り方
1. 食パンに付属のタレを混ぜた納豆、キムチをのせ、マヨネーズをかけて焼き目がつくくらいトーストする。
2. ごま油をかける。

スタミナ満点！
納豆チーマヨトースト

トースター

5 min

材料(1枚分)
食パン ……………………… 1枚
マヨネーズ ………………… 適量
納豆 ………………………… 1パック
ピザ用チーズ ……………… 適量
きざみ海苔(お好みで) ……… 少々

作り方
1. 食パンにマヨネーズをぬり、付属のタレを混ぜた納豆、チーズをのせて焼き目がつくくらいトーストする。
2. お好みできざみ海苔をかける。

column

ムダなし！食パンの耳アレンジレシピ

間違いないおいしさ！
シナモンシュガーバター

材料
- 食パンの耳 …………………… 1枚分
- チューブバター ………… 大さじ2
- 砂糖 ……………………………… 大さじ1
- シナモンパウダー …………… 適量

作り方
1. 食パンの耳を食べやすい大きさに切る。
2. フライパンにバター、砂糖、シナモンを入れて熱し、食パンの耳を加えてからめる。
3. シナモンが好きな人は追いシナモン（分量外）をかける。

Part4

絶品！

ハンバーガー & サンドイッチ

有名チェーン店のようなハンバーガーを
まさかの食パンで再現！
食べごたえたっぷりのサンドイッチは
子どもから大人まで大喜び間違いなし！

どんどんおかわりして！
てりやきハンバーガー

材料(2個分)

食パン	2枚
ひき肉	80〜100g
塩、こしょう	各少々
ピザ用チーズ	20〜30g
レタス	2〜3枚
油	小さじ1

マヨソース

マヨネーズ	大さじ2
砂糖	小さじ½
レモン汁	小さじ½

てりやきソース

すき焼きのタレ	大さじ2
水	大さじ2
片栗粉	小さじ1

作り方

1. 食パン2枚を焼き目がつくくらいトーストする。
2. マヨソースの材料をすべて混ぜる。
3. てりやきソースの材料を耐熱容器に入れて混ぜ、レンジで30秒加熱し、混ぜる。これをもう1回繰り返す。
   ※冷めると固まってくる。
4. フライパンに油をひいて、中火でひき肉を炒める。
5. 塩、こしょうで味をつけ、ひき肉を食パンにおさまるように四角い形にする(P11参照)。
6. 弱火にして**5**の上にチーズ、食パン1枚の順でのせる。食パンを左右にずらしてもくっつくくらい焼いたら、お皿をかぶせてひっくり返してとり出す。
7. **6**の上にてりやきソース、ちぎったレタス、マヨソース、もう1枚の食パンの順に重ね、半分に切る。

Part 4 ハンバーガー&サンドイッチ

絶対はずせない！
たっぷりチーズバーガー

 トースター
 フライパン

材料（2個分）

食パン	2枚
ひき肉	80〜100g
塩、こしょう	各少々
ピザ用チーズ	20〜30g
レタス	2〜3枚
スライスチーズ	1枚
油	小さじ1

A
- マヨネーズ……大さじ1と½
- ケチャップ……大さじ1と½
- しょうゆ……小さじ1
- にんにくチューブ……2cmくらい
- 玉ねぎ（お好みで）……⅛個くらい

作り方

1. 食パン2枚を焼き目がつくくらいトーストする。
2. 焼いている間に**A**を合わせてソースを作る。玉ねぎはみじん切りにしてお好みで。
3. フライパンに油をひいて中火でひき肉を炒める。
4. 塩、こしょうで味をつけ、ひき肉を食パンにおさまるように四角い形にする（P11参照）。
5. 弱火にして**4**の上にピザ用チーズ、食パン1枚の順にのせる。食パンを左右にずらしてもくっつくくらい焼いたら、お皿をかぶせてひっくり返してとり出す。
6. **5**の上にちぎったレタス、**2**のソース、スライスチーズ、もう1枚の食パンの順で重ね、半分に切る。

Part 4 ハンバーガー＆サンドイッチ

食べればメキシコ気分♪
スパイシータコス風バーガー

材料(2個分)

食パン	2枚
ひき肉	80〜100g
玉ねぎ	⅛個
塩、こしょう	各少々
ピザ用チーズ	20〜30g
レタス	2〜3枚
トマト(スライス)	2枚
マヨネーズ	大さじ1
油	小さじ1

チリソース

ケチャップ	大さじ2
チリパウダー	小さじ1
ソース	大さじ1
砂糖	小さじ1

作り方

1 食パン2枚を焼き目がつくくらいトーストする。

2 焼いている間にチリソースの材料を合わせる。

3 フライパンに油をひいて、中火でひき肉とみじん切りにした玉ねぎを炒める。

4 塩、こしょうで味をつけ、ひき肉を食パンにおさまるように四角い形にする(P11参照)。

5 弱火にして4の上にチーズ、食パン1枚の順にのせる。食パンを左右にずらしてもくっつくくらい焼いたら、お皿をかぶせてひっくり返してとり出す。

6 5の上にチリソース、ちぎったレタス、トマト、マヨネーズ、もう1枚の食パンの順で重ね、半分に切る。

ピリ辛がたまらない！
明太マヨチーズバーガー

 トースター　 フライパン　 10min

Part 4　ハンバーガー&サンドイッチ

材料（2個分）

食パン	2枚
ひき肉	80〜100g
塩、こしょう	各少々
ピザ用チーズ	20〜30g
レタス	2〜3枚
油	小さじ1

A
- 明太子 ½本
- マヨネーズ 大さじ2
- めんつゆ（濃縮4倍） 小さじ1

作り方

1. 食パン2枚を焼き目がつくくらいトーストする。
2. 焼いている間に**A**を合わせてソースを作る（明太子の薄皮と筋はとる）。
3. フライパンに油をひいて中火でひき肉を炒める。
4. 塩、こしょうで味をつけ、ひき肉を食パンにおさまるように四角い形にする（P11参照）。
5. 弱火にして**4**の上にチーズ、食パン1枚の順にのせる。食パンを左右にずらしてもくっつくくらい焼いたらお皿をかぶせてひっくり返してとり出す。
6. **5**の上に、ちぎったレタス、**2**のソース、もう1枚の食パンの順で重ね、半分に切る。

昔ながらの味がうれしい
ケチャップハンバーガー

トースター フライパン 10min

材料(2個分)

食パン	2枚
ひき肉	80〜100g
塩、こしょう	各少々
ピザ用チーズ	20〜30g
レタス	2〜3枚
油	小さじ1
A [ソース	大さじ1と½
[ケチャップ	大さじ1と½

作り方

1 食パン2枚を焼き目がつくくらいトーストする。

2 焼いている間にAを合わせてソースを作る。

3 フライパンに油をひいて中火でひき肉を炒める。

4 塩、こしょうで味をつけ、ひき肉を食パンにおさまるように四角い形にする(P11参照)。

5 弱火にして4の上にチーズ、食パン1枚の順にのせる。食パンを左右にずらしてもくっつくくらい焼いたら、お皿をかぶせてひっくり返してとり出す。

6 5の上にちぎったレタス、2のソース、もう1枚の食パンの順で重ね、半分に切る。

育ち盛りにぴったり！
スタミナバーガー

材料(2個分)

食パン ……………………… 2枚
ひき肉 ……………… 80〜100g
めんつゆ(濃縮4倍)
　　………… 大さじ1と½くらい
にんにくチューブ ………… 2〜3cm
ピザ用チーズ ………… 20〜30g
きゅうり(またはレタス)
　　……………………… 2〜3cm
マヨネーズ ………………… 適量
ごま油 ………………… 小さじ1

作り方

1 食パン2枚を焼き目がつくくらいトーストする。

2 フライパンにごま油をひいて、中火でひき肉を炒める。

3 ひき肉の色が変わったらめんつゆ、にんにくを入れて混ぜ、ひき肉を食パンにおさまるように四角い形にする(P11参照)。

4 弱火にして**3**の上にチーズ、食パン1枚の順にのせる。食パンを左右にずらしてもくっつくくらい焼いたら、お皿をかぶせてひっくり返してとり出す。

5 **4**の上にスライスしたきゅうり、マヨネーズ、もう1枚の食パンの順で重ね、半分に切る。

今日のランチはコレ！
BLTエッグサンド

材料(2個分)

- 食パン ································ 2枚
- 卵 ···································· 1個
- ベーコン ···························· 2枚
- レタス ···························· 2〜3枚
- トマト(スライス) ················· 2枚
- 油 ·························· 小さじ1
- A ┌ マヨネーズ ········ 大さじ2〜3
    └ 粒マスタード ·········· 小さじ1

作り方

1. 食パン1枚を焼き目がつくくらいトーストする。もう1枚は直径8cmくらいのコップで穴を開ける(P19参照)。
2. フライパンに油をひいて、穴を開けたほうのパンをのせ、穴に卵を割り入れる(P19参照)。
3. くり抜いた白いパンをのせ、ベーコンを横で焼き、フタをして、弱火で2〜3分焼く。
   ※卵を固めたい場合は3分以上焼く。
4. 焼けたらひっくり返して裏面も焼く。
5. トーストした食パンにAを混ぜたものをぬり、ベーコン、ちぎったレタス、トマト、4の順で重ね、半分に切る。

Part 4 ハンバーガー&サンドイッチ

食パンの穴に卵を落とし、くり抜いた白いパンをのせている状態。この横でベーコンを一緒に焼く。

ロマンが詰まった…
夢の目玉焼きそばサンド

トースター　フライパン

材料(2個分)
食パン	2枚
卵	1個
焼きそば	1人前
マヨネーズ	適量
油	小さじ1

作り方

1 食パン1枚を焼き目がつくくらいトーストする。もう1枚は直径8cmくらいのコップで穴を開ける(P19参照)。

2 フライパンに油をひいて、穴を開けたほうの食パンをのせ、穴に卵を割り入れる(P19参照)。

3 くり抜いた白いパンをのせ、フタをして、弱火で2〜3分焼く。
※卵を固めたい場合は3分以上焼く。

4 焼けたらひっくり返して裏面も焼く。

5 トーストした食パン、焼きそば、マヨネーズ、4の順で重ね、半分に切る。

Part 4 ハンバーガー&サンドイッチ

今日から使える
レンチン
たまごサンド

材料(2個分)

食パン	2枚
卵	2個
ピザ用チーズ	15〜20g
A マヨネーズ	大さじ2
塩	少々
砂糖	ひとつまみ
ドライパセリ(あれば)	少々

作り方

1. 耐熱容器に卵とチーズを入れて混ぜ、ラップをしてレンジで1分加熱する。
2. レンジからとり出して混ぜ、もう一度ラップをして1分加熱する。
3. **A**をすべて加えて混ぜる。
4. 食パンに**3**をはさんでラップでしっかり包み、半分に切る。

Part 4 ハンバーガー&サンドイッチ

食パンをトーストしてからサンドしてもカリカリでおいしい！

ふわっふわの
厚焼きたまごサンド

材料(2個分)

食パン	2枚
マヨネーズ	大さじ1
粒マスタード	小さじ½
A 卵	3個
砂糖	小さじ1
水	大さじ3
塩、こしょう	各少々

作り方

1. 厚焼きたまごを作る。食パンより少し小さめの耐熱容器にAを入れて混ぜる。
2. ラップをしてレンジで1分加熱し、混ぜる。
3. 再びラップをしてレンジで40秒加熱し、混ぜたら、もう一度40秒加熱する。
4. 食パンにマヨネーズと粒マスタードをぬり、3をはさんで三角形に切る。

ボリュームたっぷり！
焼肉サンド

トースター　フライパン　10min

材料（2個分）

食パン	2枚
キャベツ	2枚くらい
玉ねぎ	1/6個くらい
豚こま切れ肉	80g
焼肉のタレ	大さじ1〜2
マヨネーズ	大さじ2
油	小さじ1

作り方

1. 食パン2枚を焼き目がつくくらいトーストする。キャベツは千切り、玉ねぎは薄切りにする。
2. 油をひいたフライパンで玉ねぎ、豚肉を焼き、火が通ったら焼肉のタレをからめる。
3. 食パンにマヨネーズをぬり、キャベツ、2をはさみ、半分に切る。

Part 4　ハンバーガー＆サンドイッチ

これかなり…自信作！
濃厚ミートソースサンド

材料(2個分)
- 食パン ……………………… 2枚
- 玉ねぎ ……………………… ⅛個
- ひき肉 ……………………… 80〜100g
- ピザ用チーズ ……………… 15g
- A
  - ケチャップ ………… 大さじ3
  - 味噌 ………………… 小さじ1
  - 砂糖 ………………… 小さじ1
  - にんにくチューブ ………… 3cm
  - 塩、こしょう ………… 各少々

作り方
1. 玉ねぎをみじん切りにする。
2. 耐熱ボウルにA、ほぐしたひき肉、玉ねぎを入れて混ぜ、ラップをしてレンジで3分加熱する。
3. 一度とり出して軽く混ぜ、ラップをせずにレンジで2分加熱する。
4. とり出したらすぐにチーズを加え混ぜる。
5. 少し冷ましたら食パンにはさみ、半分に切る。

※玉ねぎのほかに、なすやにんじん、冷蔵庫にある野菜を使ってもOK。

ヘルシーならこれ！
味噌マヨサラチキサンド

材料(2個分)

食パン	2枚
サラダチキン	1個
A マヨネーズ	大さじ3
味噌	小さじ1
ブラックペッパー	少々
スライスチーズ	1枚
レタス	2〜3枚

作り方

1. サラダチキンを食べやすく裂く。
2. 食パン2枚にAを混ぜたものをぬり、サラダチキン、スライスチーズ、ちぎったレタスをはさみ、半分に切る。

Part 4 ハンバーガー&サンドイッチ

缶詰でできる！
テリチキサンド

材料(2個分)
- 食パン ……………………… 2枚
- 焼き鳥缶 …………………… 1缶
- マヨネーズ ……………… 大さじ2
- レタス …………………… 2〜3枚

作り方
1. 焼き鳥を耐熱皿にのせ、ラップをしてレンジで軽く温める。
2. 食パンにマヨネーズをぬり、ちぎったレタス、焼き鳥をはさみ、半分に切る。

鍋いらずでかんたん！
タルタルサンド

材料（4個分）
食パン	2枚
玉ねぎ	⅛個
卵	2個
A マヨネーズ	大さじ3
酢	小さじ½
塩、こしょう	各少々
砂糖	小さじ1

作り方
1. 玉ねぎはみじん切りにする。
2. 耐熱容器に卵を割り入れ、泡立て器で細かく混ぜる。
3. 2にラップをしてレンジで1分加熱し混ぜる。もう一度ラップをしてレンジで30秒加熱する。
4. Aを混ぜたものと玉ねぎを3に加え、混ぜる。
5. 耳を切り落とした食パンではさんで、4等分に切る。

シンプルな材料でかんたん！
ツナブロサンド

5 min

Part 4 ハンバーガー&サンドイッチ

材料(4個分)
食パン ………………………… 2枚
冷凍ブロッコリー ………… 1〜2個
ツナ缶 ………………………… ½缶
A［ マヨネーズ ………… 大さじ2
　　 こしょう ………………… 少々

作り方
1. 冷凍ブロッコリーを解凍して水気をきり、細かく切る。
2. 食パンの耳を切り落とす。
3. 油をきったツナとブロッコリー、Aを混ぜて食パンではさみ、4等分に切る。

チーズ×卵×ハムの黄金バランス
リッチ ワンパンサンド

5 min

フライパン

材料(1個分)
食パン …………………… 1枚
ピザ用チーズ ………… 20〜30g
卵 ………………………… 1個
マヨネーズ …………………適量
ハム ……………………… 1枚
スライスチーズ ………… 1枚

作り方
1. 弱火で熱した卵焼き用のフライパンにピザ用チーズをのせる。
2. 少し溶けてきたら、溶き卵を流し入れてマヨネーズをかけ、ハム、スライスチーズをのせる。
3. 半分に切った食パンをのせて、焼けたらひっくり返して裏面も焼いて折りたたむ(P15参照)。

Part 4 ハンバーガー&サンドイッチ

広がったチーズの上から溶き卵を流し入れる。

マヨネーズをかけた上にハム、スライスチーズをそのままのせる。

column
ムダなし！食パンの耳アレンジレシピ

思わず手が出る！
チーズスティック

材料

食パンの耳 ………………… 1枚分
A ┌ 粉チーズ …………… 大さじ1
  │ ブラックペッパー ……… 少々
  └ オリーブオイル …… 大さじ2

作り方

1. 食パンの耳を食べやすい大きさに切る。
2. アルミホイルに食パンの耳を並べ、混ぜたAをのせて焼き目がつくくらいトーストする。

Part5

子どもも喜ぶ！
スイーツ食パン

少ない工程と材料で、食パンがあっという間に絶品スイーツに！
かんたんなので、親子で一緒に作ることもできます。

リピ確定！カリッふわっの
チョコチップパン

オーブン

材料(8個分)

食パン	2枚
バター	50g
砂糖	50g
卵	1個
薄力粉(米粉でも可)	50g
チョコチップ(焼き菓子用)	適量

作り方

1. オーブンは200℃に予熱しておく。
2. 常温にもどしたバターに砂糖、溶き卵の順で加え混ぜる。
3. 2に薄力粉をふるい入れて混ぜる。これで生地が完成。
4. 食パンは三角形になるように4等分に切る。
5. オーブンプレートにクッキングシートを敷き、その上に食パンを並べて生地とチョコチップをのせる。
6. 200℃のオーブンで9〜10分焼く。

Part 5 スイーツ食パン

食パンは三角形になるように4等分する。

生地はたっぷりぬるとおいしい。

SNSで大人気!
チョコスティックパン

オーブン

材料(8個分)

食パン	2枚
バター	50g
砂糖	30g
飲料用ココア(粉末)	20g
卵	1個
薄力粉(米粉でも可)	50g

作り方

1. オーブンは200℃に予熱しておく。
2. 常温にもどしたバターに砂糖、ココア、溶き卵の順で加え混ぜる。
3. **2**に薄力粉をふるい入れて混ぜる。これで生地が完成。
4. 食パンを縦に4等分に切る。
5. オーブンプレートにクッキングシートを敷き、その上に食パンを並べて生地をのせる。
6. 200℃のオーブンで9〜10分焼く。

Part 5 スイーツ食パン

食パンは横向きにして縦に4等分する。

生地はたっぷりぬるとおいしい。

食パンカップで
とろ〜りチョコマロ

トースター

材料(6個分)
食パン(サンドイッチ用) ……… 6枚
マシュマロ
　…… 1袋(1カップあたり3〜4個)
板チョコ ……………………… 1枚

作り方
1. 食パンは耳を切り落としてめんぼうで平たくつぶし、下の写真のように4カ所に1.5cmほど切り込みを入れてマフィン型に詰める。
2. マシュマロと砕いた板チョコをのせ、180℃のトースターで1〜2分焼く。
3. 表面に焼き目がついたらアルミホイルをかぶせて、さらに1〜2分焼く。

マフィン型(トースター対応のもの)。100円ショップなどで入手できる。

Part 5 スイーツ食パン

POINT!

4辺の真ん中からそれぞれ1.5cmほど切り込みを入れる。

切り込みを入れたところを重ねるようにしてマフィン型に詰める。

ふわふわ幸せを包み込む
カリカリマシュマロサンド

 冷凍庫　 トースター　 5min

材料(4個分)
食パン(8枚切り) ………… 1枚
マシュマロ ………………… 4個
チョコソース ……………… 適量

作り方
1. 冷凍した食パンをそのまま4等分に切り、さらに厚さを半分に切る(P59参照)。
2. 計8枚のうち4枚に1個ずつマシュマロをのせる(残りの4枚はフタ)。
3. 2とフタ用の4枚をすべて140〜160℃のトースターで2〜3分焼く。
   ※薄くて焦げやすいので低温がおすすめ。様子を見て焼く。
4. チョコソースをかけ、フタ用の食パンを1枚ずつ重ねる。

まさかの!? チョコなしで作る
チョコ風パン

トースター

5 min

Part 5 スイーツ食パン

材料(1枚分)
食パン ……………………… 1枚
A ┌ 飲料用ココア(粉末)
　│　　………………… 大さじ2
　│ はちみつ(ホットケーキ
　│　シロップでも可)… 大さじ1
　└ お湯 ……………… 大さじ1

作り方
1. Aを混ぜる。
2. 食パンに格子状に切り込みを入れて焼き目がつくくらいトーストし、1をかける。

追いきな粉がたまらん！
カリッふわっ！きな粉パン

材料(8個分)

食パン	2枚
バター	50g
砂糖	30g
きな粉	20g
卵	1個
薄力粉(米粉でも可)	50g
チューブバター(お好みで)	適量
A きな粉	大さじ1
砂糖	大さじ1

作り方

1. オーブンは200℃に予熱しておく。
2. 常温にもどしたバターに砂糖、きな粉、溶き卵の順で加え、混ぜる。
3. 2に薄力粉をふるい入れて混ぜる。これで生地が完成。
4. 食パンは4等分に切る。
5. オーブンプレートにクッキングシートを敷き、その上に食パンを並べ生地をのせる。
6. 200℃のオーブンで9〜10分焼く。
7. お好みでチューブバターをぬり、Aを混ぜて上からふりかける。
   ※バターをぬったほうがAがつきやすい。

いくらでも食べてしまう…
悪魔的シュガートースト

材料（4個分）
食パン ……………………… 1枚
A ┌ チューブバター
  │   ……………… 大さじ1と½〜2
  │ 砂糖 ………… 大さじ1くらい
  └ 塩 ……………………… 少々

作り方
1. 弱火で熱したフライパンに、混ぜ合わせた**A**の半量を入れる。
2. 食パンをのせて、焼き目がついたらとり出す。
3. フライパンを軽く拭き、残りの**A**を入れて、食パンを戻して裏面を焼く。
4. 4等分に切る。

子どもと一緒に作りたい
お花見チュロス

トースター

材料(6本分)
食パン(6枚切り) ……………… 1枚
チューブバター …………… 大さじ2
砂糖 …………………… 大さじ1〜2
シュガーパウダー、きな粉、
　飲料用ココア(粉末)など
　……………………………… 適量

作り方
1. 食パンの耳を短い2辺のみ切り落とす。
2. 食パンの両面にバターを大さじ1ずつぬり、砂糖をふる。
3. 食パンを横にして、下の写真のように縦に6等分に切る。
4. ねじりながら竹串に刺し、竹串を持ちやすい長さに切る。
5. アルミホイルを敷いたトースターに並べ、竹串の部分にアルミホイルをかぶせて180℃で3〜4分焼く。
6. 熱いうちに、シュガーパウダー、きな粉、ココアなど好きな味をまんべんなくかける。

Part 5 スイーツ食パン

縦に6等分に切る。

ねじりながら竹串に刺す。

おうちカフェしよ♪
チョコマロ パニーニ風

材料(1個分)
食パン(8枚切り)	1枚
バター	20g
板チョコ	¼枚
マシュマロ	2個

作り方

1. フライパンにバターを溶かし、フライ返しで食パンをつぶしながら両面焼く。
   ※つぶすときにフライパンの縁での火傷に注意。

2. 板チョコと半分に切ったマシュマロを下の写真のように重ね、三角形になるように食パンを半分に折る。

3. さらにつぶして弱火で1〜2分焼く。

Part 5 スイーツ食パン

板チョコとマシュマロは真ん中より少しどちらかに寄せてのせる。

折りたたむ。

バナナあったらコレ！
キャラメルバナナトースト

トースター　フライパン

材料(1枚分)
食パン	1枚
バナナ	1本
砂糖	大さじ3
水	大さじ1
チューブバター	大さじ1

作り方
1 食パンを焼き目がつくくらいトーストする。
2 バナナを食べやすい大きさに切る。
3 フライパンに砂糖と水を入れ、弱火で混ぜる。大きくブクブクしたらバターを加え、とろ〜りとするまで煮る。
4 3にバナナをからめて、食パンにのせる。残ったソースもかける。

ほんのりとした甘さに癒される♪
ミルクフランストースト

材料(1枚分)
食パン……………………… 1枚
チューブバター…………… 大さじ2
練乳………………………… 大さじ2
アーモンドスライス(あれば)
　………………………………… 適量

作り方
1. 食パンを焼き目がつくくらいトーストする。
2. バターと練乳を混ぜ、食パンにぬる。
3. あればアーモンドスライスをのせる。

かんたんなのにオシャレでかわいい！
カリカリロールサンド

トースター

材料(4個分)
食パン(サンドイッチ用) ……… 4枚
油 ………………………………… 適量
ホイップクリーム ……………… 適量
好きなトッピング
　(チョコクランチなど) ……… 適量

作り方
1. 食パンをめんぼうで平たくつぶし、下の写真のように細長く丸めたアルミホイルに巻いてつまようじでとめる。
2. 1をアルミホイルの上に並べて、油を全体にぬり、低温で軽く焼き目がつくくらいトーストする。
3. つまようじをはずし、裏返して同じく低温で軽く焼き目がつくくらいトーストする。
4. 中のアルミホイルをとり、冷めたらホイップクリームを詰めて、好きなトッピングをかける。

Part 5　スイーツ食パン

細長く丸めたアルミホイルに食パンを巻きつけ、つまようじでとめる。

焼けたらアルミホイルをとり出し、冷めてから筒の中にホイップクリームを詰める。

誘惑のベストマッチ
揚げないココア揚げパン

材料(2個分)
食パン(4枚切り) ………………… 1枚
油 ……………………………… 大さじ2
飲料用ココア(粉末) …………… 適量
ホイップクリーム ……………… 適量

作り方
1 食パンを三角形に2等分に切る。
2 油をまんべんなくぬって、焼き目がつくまで両面トーストする。
3 焼き上がった食パンの断面に縦に切り込みを入れ、全体にココアをまぶす。
4 冷めたら切り込みにホイップクリームを入れる。
※クリームを入れず、そのままでもおいしい。

これぞ和スイーツ！
揚げないきな粉揚げパン

トースター 10min

材料（2個分）
- 食パン（4枚切り）……… 1枚
- 油 ………………………… 大さじ2
- A
  - きな粉 ……………… 大さじ1
  - 砂糖 ………………… 大さじ1
  - 塩 …………………… 少々
- あんこ …………………… 適量

作り方
1. 食パンを三角形に2等分に切る。
2. 油をまんべんなくぬって、焼き目がつくまで両面トーストする。
3. 焼き上がった食パンの断面に縦に切り込みを入れ、全体に混ぜたAをまぶす。
4. 切り込みにあんこを入れる。

※あんこを入れず、そのままでもおいしい。

Part 5 スイーツ食パン

トロトロ雪見だいふくで
インジョルミトースト

材料(1枚分)

- 食パン ……………………… 1枚
- A [きな粉 ……………… 大さじ2
     砂糖 ………………… 小さじ2]
- あんこ(あれば) …………… 適量
- 雪見だいふく ……………… 1個
- ミックスナッツ(無塩・ロースト)
  ……………………………… 適量
- はちみつ …………………… 大さじ1

作り方

1. Aを混ぜる。
2. 食パンに格子状に切り込みを入れて、あればあんこをのせ、その上に雪見だいふくをのせる。
3. 雪見だいふくがお好みのかたさに溶けるまでトーストする。
4. 1と砕いたミックスナッツ、はちみつをかける。

ご当地グルメがおうちで作れる!?
クリームボックス風

材料(1枚分)
食パン ……………………… 1枚
牛乳 ………………………… 100㎖
砂糖 ………………………… 大さじ1
片栗粉 ……………………… 大さじ1

作り方
1 鍋に牛乳と砂糖を入れて弱火にかける。
2 小さい泡が出るくらい沸騰したら火を止め、片栗粉を少しずつ入れて固まってくるまですばやく混ぜ続ける。
3 固まってきたら、さらにぷるぷるになるまでかき混ぜ粗熱をとる。
4 食パンの真ん中をスプーンで軽く押してへこませ、3をのせて広げる。
5 ラップをかけて冷蔵庫で30分ほど冷やす。

Part 5 スイーツ食パン

材料3つ混ぜのせで
チーズケーキトースト

材料(1枚分)
食パン ……………………… 1枚
A ┌ クリームチーズ ……… 大さじ2
　├ 砂糖 ………………… 大さじ1
　└ ヨーグルト(プレーン)
　　 …………………… 大さじ1

作り方
1. Aを混ぜて食パンにのせる。
2. トースターの高温(200〜220℃)で2〜3分焼く。
   ※裏が焦げやすいのでトースターのプレートを使うとよい。

プリンのカスタードクリームで
フルーツサンド

レンジ　冷蔵庫　10min

材料(2個分)

食パン(8枚切り) ………… 2枚
カスタードプリン
　(カラメルがないもの)
　………………… 2個(各68g)
薄力粉 ………… 大さじ2くらい
お好きなフルーツ ………… 適量

作り方

1. プリンを耐熱ボウルに入れ、薄力粉を少しずつダマにならないように加え混ぜる。
2. 1をレンジで1分加熱し、混ぜる。これを計3回行う。
3. 耳を切り落とした食パンをラップの上にのせ、粗熱をとった2と好きなフルーツをのせてはさむ。
4. ラップで包み、冷蔵庫で30分～1時間冷やす。
5. 三角形に2等分に切る。

Part 5 スイーツ食パン

モサモサりんごが大変身！

シナモンアップルパイ

レンジ　トースター

材料(2個分)

食パン(8枚切り) ……………… 2枚
りんご …………………………… ½個
砂糖 ……………………………… 大さじ2
シナモンパウダー ……………… 少々
油 ………………………………… 適量

作り方

1 りんごは分量の半分を角切りにし、もう半分をすりおろす。

2 **1**を耐熱ボウルに入れ、砂糖、シナモンを加え混ぜてレンジで1分加熱し、混ぜたら再度レンジで1分加熱する。

3 耳を切り落とした食パンをめんぼうで平たくつぶし、**2**をのせて包む。

4 **3**の端(3辺)をフォークで押さえて閉じる。くっつきにくいときは食パンの端に水(分量外)をつけて指を使ってギュッと押さえる。表面に3カ所切り込みを入れる。

5 **4**の両面に油をぬり、アルミホイルを敷いたトースターで両面、焼き目がつくくらいまで焼く。

6 シナモン好きは、さらにシナモン(分量外)をふりかける。

Part 5　スイーツ食パン

チョコ好き大注目!
ごろごろ
チョコメロンパン

材料(1枚分)
- 食パン ……………………… 1枚
- バター ……………………… 20g
- 砂糖 ………………………… 大さじ1
- 薄力粉 ……………………… 大さじ3
- 板チョコ …………………… 好きなだけ

作り方
1 耐熱ボウルにバターを入れてレンジで40秒加熱する。
2 1に砂糖と薄力粉を加えて混ぜ、食パンにのせる。
3 包丁や竹串でメロンパンの模様をつけて、その上に砕いた板チョコをのせ、焼き目がつくくらいトーストする。

チョコクリームに飽きたら
きなチョコトースト

 トースター レンジ 5 min

材料(1枚分)
食パン ………………………… 1枚
板チョコ(ホワイト) …………… 1/2枚
牛乳 …………………………… 大さじ1
きな粉 ………………………… 大さじ2

作り方
1 食パンを焼き目がつくくらいトーストする。
2 耐熱ボウルに板チョコを入れ、レンジで1分加熱して混ぜ、再度レンジで30秒加熱する(溶けるまで温める)。
3 牛乳ときな粉を少しずつ加えて混ぜ溶かし、食パンにかける。

材料(各1枚分)

- 食パン ……………………… 2枚
- バナナ ……………………… 3cmくらい
- ブルーベリー ……………… 適量
- ピーナッツバター ………… 適量
- チョコクリーム …………… 適量

作り方

くま

1. 焼き目がつくくらいトーストした食パンに、丸くピーナッツバターをぬる。
2. バナナをスライスして鼻と耳の位置に置く。
3. ブルーベリーを目と鼻の位置に置く。

犬

1. 食パンの両端から1.5cmくらいのところで縦に大きく切り込みを入れる(犬の耳になる)。
2. 耳と目の片方にチョコクリームをぬり、ブルーベリーを目と鼻の位置に置く。

Part 5 スイーツ食パン

トースター / 10 min

楽しい！おいしい！
アニマルトースト
ーくま・犬ー

親子で作ろう♪
アニマルトースト
―ライオン・ぶた―

トースター 10 min

作り方
ライオン
1. 食パンの真ん中にスライスチーズをのせる。
2. ウインナーを輪切りにして**1**の上にのせ(目と鼻の位置に3つ)、焼き目がつくくらいトーストする。
3. ハムを放射状に8等分に切り、ライオンのたてがみに見立てて顔の周りにのせる。

ぶた
1. スライスチーズを三角形に2枚、楕円形に1枚切る。
2. ウインナーを輪切りにして食パンにのせ(目の位置に2つ、鼻の位置に半分ずつ)、焼き目がつくくらいトーストする。
3. 一旦ウインナーをはずし、ハムとチーズをぶたの顔になるようにのせて、ウインナーをもう一度のせる。

材料(各1枚分)
- 食パン ························ 2枚
- スライスチーズ ············· 2枚
- ハム ···························· 2枚
- ウインナー ··················· 1本

Part 5 スイーツ食パン

おわりに

この本をお迎えしてくれて、バタ子ママに出逢ってくれて、ありがとうございます。

最後に、この本を世に出すきっかけを与えてくださった宝島社の山口麻友さま、編集に携わってくださった皆さま。3日間で100品のハードなスケジュールの中で素敵な写真を撮ってくださったシャインズの高木信幸さま。一品一品、見違えるスタイリングをしていただいたスタジオ・モノクロームの二瓶紗祐里さま、本保明日香さま。出版に向けてアシストしてくれた家族。励ましてくれる大切な発信仲間。そしていつも応援してくれるフォロワーさま。普通の主婦だった私がレシピ本出版という大きな夢をかなえられたのは本当にみんなのおかげです。

そして、この本を手にとっていただいた読者の皆さまに心よりお礼を申し上げます。

皆さまの日常が笑顔で溢れますように。

2024年12月

バタ子ママ

Index 食材別さくいん

板チョコ

チョコクロワッサン ……………… 12
とろ〜りチョコマロ ……………… 126
チョコマロパニーニ風 …………… 134
ごろごろチョコメロンパン ……… 148
きなチョコトースト ……………… 149

ウインナー

カリカリッたまごピザトースト ………… 24
まるごとウインナーパン ………… 40
ウインナーカリチー ……………… 48
ミニウインナーロール …………… 54
わがままピザトースト …………… 74
アニマルトースト（ライオン、ぶた）
………………………………………… 152

かつおぶし

まぜパン …………………………… 51
おかかマヨの和風カナッペ風 …… 60
チーズの裏ワザトースト ………… 80
和風おかかマヨトースト ………… 89
お好み焼きトースト ……………… 90

カレー

カリカリカレーパン ……………… 36
チーズカレークロワッサン ……… 42
かんたんポットパイ ……………… 63

きな粉

揚げずにミニドーナツ …………… 16
カリッふわっ！きな粉パン ……… 130
お花見チュロス …………………… 132
揚げないきな粉揚げパン ………… 141
インジョルミトースト …………… 142
きなチョコトースト ……………… 149

牛肉

プルコギチーズトースト ………… 81

クリームチーズ

ガーリックチーズピザ …………… 52
たくあんクリチカナッペ風 ……… 58
明太クリチカナッペ風 …………… 61
チーズケーキトースト …………… 144

くるみ・ナッツ

焦がしキャラメル風 ……………… 30
インジョルミトースト …………… 142

ケチャップ

ビッグバーガー …………………… 10
カリカリッたまごピザトースト … 24
チーズハットグ …………………… 32
まるごとウインナーパン ………… 40
ウインナーカリチー ……………… 48
ミニウインナーロール …………… 54
わがままピザトースト …………… 74
BBQソーストースト ……………… 91
たっぷりチーズバーガー ………… 98
スパイシータコス風バーガー …… 100
ケチャップハンバーガー ………… 102
濃厚ミートソースサンド ………… 112

ココア

揚げずにミニドーナツ …………… 16
チョコスティックパン …………… 124
チョコ風パン ……………………… 129
お花見チェロス …………………… 132
揚げないココア揚げパン ………… 140

コーン

たっぷりコーンパン ……………… 20

てりマヨコーン ……………………… 28
ひとくちコーンパン ……………………… 46

シナモンパウダー

シナモンシュガーバター ………………… 94
シナモンアップルパイ …………………… 146

しらす

カリカリチーズおつまみ ………………… 62
和風しらマヨトースト …………………… 86
うまピーしらすトースト ………………… 88

卵

焦がしチーズのワンパンサンド ………… 14
てりやき玉バーガー ……………………… 18
カリカリッたまごピザトースト ………… 24
チーズとはちみつトライアングル ……… 44
ひとくちコーンパン ……………………… 46
カリカリチーズのオープンサンド ……… 66
温玉トースト ……………………………… 68
カルボトースト …………………………… 69
卵かけトースト …………………………… 70
とろ〜りエッグサンドトースト ………… 71
たまご焼きトースト ……………………… 72
BLTエッグサンド ……………………… 104
夢の目玉焼きそばサンド ……………… 106
レンチンたまごサンド ………………… 108
厚焼きたまごサンド …………………… 110
タルタルサンド ………………………… 115
リッチワンパンサンド ………………… 118
チョコチップパン ……………………… 122
チョコスティックパン ………………… 124
カリッふわっ！きな粉パン …………… 130

玉ねぎ

ビッグバーガー …………………………… 10
カリカリッたまごピザトースト ………… 24
わがままピザトースト …………………… 74
プルコギチーズトースト ………………… 81

たっぷりチーズバーガー ………………… 98
スパイシータコス風バーガー ………… 100
焼肉サンド ……………………………… 111
濃厚ミートソースサンド ……………… 112
タルタルサンド ………………………… 115

チーズ

ビッグバーガー …………………………… 10
焦がしチーズのワンパンサンド ………… 14
てりやき玉バーガー ……………………… 18
ベーコンレタスバーガー ………………… 22
カリカリッたまごピザトースト ………… 24
チーズハットグ …………………………… 32
甘じょっぱチーズハットグ ……………… 34
とろ〜りクロックムッシュ ……………… 35
カリカリカレーパン ……………………… 36
グラカリパン ……………………………… 38
まるごとウインナーパン ………………… 40
チーズカレークロワッサン ……………… 42
ハムチーズクロワッサン ………………… 43
チーズとはちみつトライアングル ……… 44
ウインナーカリチー ……………………… 48
ポテサラカリチー ………………………… 50
まぜパン …………………………………… 51
ガーリックチーズピザ …………………… 52
ミニウインナーロール …………………… 54
ツナマヨパニーニ風 ……………………… 56
カリカリチーズおつまみ ………………… 62
かんたんポットパイ ……………………… 63
カリカリチーズのオープンサンド ……… 66
温玉トースト ……………………………… 68
カルボトースト …………………………… 69
とろ〜りエッグサンドトースト ………… 71
わがままピザトースト …………………… 74
チーズトースト …………………………… 76
禁断のトロトロチーズ …………………… 77
ハニーチーズトースト …………………… 78
チーズの裏ワザトースト ………………… 80
プルコギチーズトースト ………………… 81

たらマヨトースト ……………………………… 83
明太もちチーズトースト ……………………… 84
お好み焼きトースト …………………………… 90
BBQソーストースト …………………………… 91
納豆チーマヨトースト ………………………… 93
てりやきハンバーガー ………………………… 96
たっぷりチーズバーガー ……………………… 98
スパイシータコス風バーガー ……………… 100
明太マヨチーズバーガー …………………… 101
ケチャップハンバーガー …………………… 102
スタミナバーガー …………………………… 103
レンチンたまごサンド ……………………… 108
濃厚ミートソースサンド …………………… 112
味噌マヨサラダチキサンド ………………… 113
リッチワンパンサンド ……………………… 118
チーズスティック …………………………… 120
アニマルトースト（ライオン、ぶた） … 152

ツナ缶
ツナマヨパニーニ風 …………………………… 56
ツナブロサンド ……………………………… 116

納豆
納豆キムチトースト …………………………… 92
納豆チーマヨトースト ………………………… 93

はちみつ
甘じょっぱチーズハットグ …………………… 34
チーズとはちみつトライアングル ………… 44
とろ〜りエッグサンドトースト ……………… 71
ハニーチーズトースト ………………………… 78
チョコ風パン ………………………………… 129
インジョルミトースト ……………………… 142

バナナ
キャラメルバナナトースト ………………… 136
アニマルトースト（くま） …………………… 150

ハム
とろ〜りクロックムッシュ …………………… 35
グラカリパン …………………………………… 38
ハムチーズクロワッサン ……………………… 43
カリカリチーズのオープンサンド ……… 66
お好み焼きトースト …………………………… 90
リッチワンパンサンド ……………………… 118
アニマルトースト（ライオン、ぶた） … 152

ひき肉
ビッグバーガー ………………………………… 10
てりやき玉バーガー …………………………… 18
ベーコンレタスバーガー ……………………… 22
てりやきハンバーガー ………………………… 96
たっぷりチーズバーガー ……………………… 98
スパイシータコス風バーガー ……………… 100
明太マヨチーズバーガー …………………… 101
ケチャップハンバーガー …………………… 102
スタミナバーガー …………………………… 103
濃厚ミートソースサンド …………………… 112

ピーマン
カリカリッたまごピザトースト ………… 24
わがままピザトースト ………………………… 74
うまピーしらすトースト ……………………… 88

豚肉
焼肉サンド …………………………………… 111

プリン
プリンで作るフレンチトースト ………… 26
フルーツサンド ……………………………… 145

ベーコン
ベーコンレタスバーガー ……………………… 22
カルボトースト ………………………………… 69
とろ〜りエッグサンドトースト ………… 71

BBQソーストースト ……………………… 91
BLTエッグサンド ………………………… 104

ホイップクリーム
カリカリロールサンド …………………… 138
揚げないココア揚げパン ………………… 140

マシュマロ
とろ〜りチョコマロ ……………………… 126
カリカリマシュマロサンド ……………… 128
チョコマロパニーニ風 …………………… 134

マヨネーズ
ビッグバーガー …………………………… 10
焦がしチーズのワンパンサンド ………… 14
てりやき玉バーガー ……………………… 18
たっぷりコーンパン ……………………… 20
ベーコンレタスバーガー ………………… 22
カリカリッたまごピザトースト ………… 24
てりマヨコーン …………………………… 28
ハムチーズクロワッサン ………………… 43
まぜパン …………………………………… 51
ツナマヨパニーニ風 ……………………… 56
おかかマヨの和風カナッペ風 …………… 60
カリカリチーズのオープンサンド ……… 66
温玉トースト ……………………………… 68
卵かけトースト …………………………… 70
とろ〜りエッグサンドトースト ………… 71
たまご焼きトースト ……………………… 72
わがままピザトースト …………………… 74
チーズの裏ワザトースト ………………… 80
プルコギチーズトースト ………………… 81
たらマヨトースト ………………………… 83
和風しらマヨトースト …………………… 86
うまピーしらすトースト ………………… 88
和風おかかマヨトースト ………………… 89
お好み焼きトースト ……………………… 90
納豆キムチトースト ……………………… 92
納豆チーマヨトースト …………………… 93

てりやきハンバーガー …………………… 96
たっぷりチーズバーガー ………………… 98
スパイシータコス風バーガー ………… 100
明太マヨチーズバーガー ……………… 101
スタミナバーガー ……………………… 103
BLTエッグサンド ……………………… 104
夢の目玉焼きそばサンド ……………… 106
レンチンたまごサンド ………………… 108
厚焼きたまごサンド …………………… 110
焼肉サンド ……………………………… 111
味噌マヨサラチキサンド ……………… 113
テリチキサンド ………………………… 114
タルタルサンド ………………………… 115
ツナブロサンド ………………………… 116
リッチワンパンサンド ………………… 118

明太子・たらこ
明太クリチカナッペ風 …………………… 61
たらマヨトースト ………………………… 83
明太もちチーズトースト ………………… 84
明太マヨチーズバーガー ……………… 101

レタス
ビッグバーガー …………………………… 10
てりやき玉バーガー ……………………… 18
ベーコンレタスバーガー ………………… 22
まるごとウインナーパン ………………… 40
てりやきハンバーガー …………………… 96
たっぷりチーズバーガー ………………… 98
スパイシータコス風バーガー ………… 100
明太マヨチーズバーガー ……………… 101
ケチャップハンバーガー ……………… 102
スタミナバーガー ……………………… 103
BLTエッグサンド ……………………… 105
味噌マヨサラチキサンド ……………… 113
テリチキサンド ………………………… 114

バタ子ママ

Instagramで発信している斬新でユニークな食パンアレンジレシピが人気。子育てに追われるなかで、好きだったパン屋さんに行く時間がないことに悩み、飲食店での勤務経験などを活かしながら食パンアレンジを始める。2024年1月にInstagramのアカウントを開設して以来、子育て世代を中心に人気が拡大し、フォロワー数は17.4万人超(2024年11月現在)。名前の由来は「いつもバタバタしている」から。

Instagram : @batacomama

ブックデザイン・DTP●鷹觜麻衣子
撮影●フォトグラファー 高木信幸
スタイリング●有限会社スタジオ・モノクローム
　　　　　　（フードスタイリスト／二瓶紗祐里、アシスタント／本保明日香）
企画・編集●山口麻友、九内俊彦

食パン革命
サクッとかんたんアレンジレシピ100

2024年12月19日　第1刷発行

著　者	バタ子ママ
発行人	関川　誠
発行所	株式会社宝島社
	〒102-8388　東京都千代田区一番町25番地
	電話：営業　03-3234-4621
	編集　03-3239-0646
	https://tkj.jp
印刷・製本	サンケイ総合印刷株式会社

本書の無断転載・複製を禁じます。乱丁・落丁本はお取り替えいたします。
©Batacomama 2024　Printed in Japan
ISBN 978-4-299-05986-4